CW01476112

Freude. Liebe. Angst.

A2/B1

Von Volker Borbein und Christian Baumgarten

Illustriert von Detlef Surrey

Cornelsen

Freude. Liebe. Angst.

Volker Borbein und Christian Baumgarten
mit Illustrationen von Detlef Surrey

Lektorat: Pierre Le Borgne
Layout: Annika Preyhs für Buchgestaltung+
Technische Umsetzung: Klein & Halm Grafikdesign, Berlin
Umschlaggestaltung: Ungermeyer, grafische Angelegenheiten
Umschlagfoto: Corbis/© Marnie Burkhart/Corbis

www.cornelsen.de

Die Webseiten Dritter, deren Internetadressen in diesem Lehrwerk
angegeben sind, wurden vor Drucklegung sorgfältig geprüft.
Der Verlag übernimmt keine Gewähr für die Aktualität und
den Inhalt dieser Seiten oder solcher, die mit ihnen verlinkt sind.

1. Auflage, 1. Druck 2016

© 2016 Cornelsen Schulverlage GmbH, Berlin

Druck: H. Heenemann, Berlin

ISBN 978-3-06-120744-1

Inhalt

Sie können diese spannende Geschichte auch über einen MP3-Player zu Hause, bei einer Auto-, Zug- oder Busfahrt anhören und genießen. (www.cornelsen.de/daf-bibliothek/audios)

Personen

Endlich ist es soweit. Constanze und Patrick heiraten. Ihre
Hochzeitsreise in den Schwarzwald nimmt ein dramatisches
Ende.

Die Hauptpersonen der Geschichte sind:

Alice Weiss
Freundin von Constanze. Trauzeugin.

Richard Tauber
Kriminalhauptkommissar und
Freund von Patrick. Trauzeuge.

Jürgen Müller
Inhaber der Spedition
'Müller-International-Logistics'.
Er ist zu allem bereit.

Leo Fuchs
Freund und Kollege von Patrick.
Er bittet Patrick um
einen gefährlichen Gefallen.

Patrick Reich
Privatdetektiv.
Wird er die Hochzeitsreise überleben?

Constanze Reich
Seit kurzer Zeit Ehefrau von Patrick.
Träumt sie nur einen bösen Traum?

Orte der Handlung: Berlin und Todtnau* im Schwarzwald
Zeit der Handlung: Ende August/Anfang September

*www.todtnauer-ferienland.de

Kapitel | 1

21. August, Samstagabend

„Schön, dass ihr zum Polterabend gekommen seid."
Constanze und Patrick begrüßen die Gäste in ihrer Wohnung am Chamissoplatz[1]. „Getränke und Essen stehen in der
5 Küche. Bedient euch und habt einen schönen Abend."
Constanze und Patrick haben Freunde, Bekannte, Arbeitskollegen und Nachbarn eingeladen. Immer öfter klingelt es an der Wohnungstür. Bald sind dreißig Menschen in der Wohnung versammelt.
10 Es ist warm an diesem Abend. Die Fenster in der geräumigen Wohnung sind geöffnet. Straßenlärm des belebten Chamissoplatzes vermischt sich mit den Stimmen der Gäste. Erinnerungen werden ausgetauscht, Bilder gezeigt. Die Gäste prosten[2] sich zu. Die Unterhaltungen werden lau-
15 ter. Es wird viel gelacht. Leere Bierkästen und Weinflaschen stapeln[3] sich in der Küche. Vom kalten Büfett ist nur noch wenig übrig geblieben. Die Stimmung steigt. Patrick hat sich von seiner roten Fliege[4] getrennt, die er sonst immer trägt, auch bei heißen Temperaturen. Zufrieden blickt er seine
20 zukünftige Frau an.

---

1   www.berlin.de/orte/sehenswuerdigkeiten/chamissoplatz
2   sein Glas heben und „Prost" sagen
3   aufeinander liegen
4   eine Art Krawatte

„Passt gut auf, was heute Abend passiert", sagt Patrick zu Angela Deutscher und Mehmet Özdemir[5]. „Ihr habt ja versprochen, dass ihr nach unserer Hochzeit heiraten wollt." Statt einer Antwort umarmen sich Angela und Mehmet.

Die Gäste warten mit zunehmender Ungeduld auf den Höhepunkt des Abends.

„Kommt ihr? Es ist soweit." Constanze, Patrick und die Gäste versammeln sich vor dem Haus am Chamissoplatz. Gespannte Ruhe. Plötzlich wird es laut. Leo Fuchs wirft eine große Salatschüssel vor die Eingangstür. Richard Tauber und seine Frau Alice Weiss, die erst kürzlich ihre Wohnung renoviert haben, nutzen die Gelegenheit. Sie halten beide ein Waschbecken hoch. Stille. Nach zwei, drei Sekunden donnert[6] es auf den Boden. Beate Selich schmeißt[7] Porzellan hinterher, Petra von der Aue[8] hat altes Geschirr mitgebracht, das eigentlich für den Sperrmüll[9] gedacht war. Eine gute Gelegenheit, es so loszuwerden. Blumenvasen folgen. Bei jeder Aktion klatschen die Gäste. Langsam vorbeifahrende Autofahrer hupen. Nach sieben Minuten ist alles vorbei.

Es ist die Stunde von Constanze und Patrick. Unter dem Beifall der Gäste kehren[10] sie gemeinsam mit einem großen Besen die Scherben zusammen. Sie sollen ihnen Glück bringen. Gott sei Dank sind keine Gläser oder kaputte Spiegel dabei. Das würde Unglück bringen.

---

5 *siehe: „Gefährlicher Einkauf"; www.cornelsen.de/daf-bibliothek*
6 ein sehr lautes Geräusch machen
7 mit großer Kraft werfen
8 *siehe: „Jeder ist käuflich"; www.cornelsen.de/daf-bibliothek*
9 größere Gegenstände, die nicht in den normalen Müll gehören
10 sauber machen

Constanze und Patrick hinterlassen einen sauberen Bürger-
steig. Sie sind vorbereitet, künftig schwierige Lebenssituatio-
nen gemeinsam zu meistern[11]. So sagt es der Brauch[12].
Gut, dass sie nicht in die Zukunft sehen können!

5 Die letzten Gäste verabschieden sich am frühen Morgen. Die
Sonne geht gerade auf.

---

11 mit einem Problem fertig werden
12 Tradition

Kapitel | 2

Wir freuen uns mit unseren Kindern
Constanze und Patrick,
die sich heute auf dem Standesamt[13] im Rathaus von
Schmargendorf[14] das Jawort geben.
Elisabeth und Philipp Zeigen, Dagmar und Frank Reich   5

Berlin, den 27. August 2010

Berlin, Rathaus Schmargendorf
27. August, Freitag, 10 Uhr

Die zukünftige Constanze Reich und Patrick Reich betreten als erste das Rathaus Schmargendorf, gefolgt von ihren   10
Eltern und ihren besten und engsten Freunden. Constanze
und Patrick werden im ehemaligen Ratssaal getraut[15], der zu
den schönsten Trauzimmern in Berlin zählt. Der Trausaal
bietet Sitzplätze für 25 Personen. Constanze und Patrick
hatten sich für eine kleine, aber feine Hochzeit entschieden.   15
Constanze sieht zauberhaft[16] aus. Ihre blonden Haare passen
zu den goldenen Ohrringen. Roter Lippenstift unterstreicht
die Linien ihrer wohlgeformten Lippen[17]. Constanze trägt
ein sommerliches Kleid in freundlichen hellen Farben und

13 die Behörde, vor der man die Ehe schließt
14 *www.inberlinheiraten.de*
15 in einer Zeremonie die Ehe schließen
16 sehr schön
17 oberer und unterer Rand des Mundes

elegante Schuhe mit hohen Absätzen. In ihren Händen hält sie einen herrlichen Blumenstrauß.

Auch Patrick macht eine gute Figur. Er trägt einen dunkelblauen Blazer[18] mit vergoldeten Knöpfen, ein strahlend
5 weißes Hemd und eine helle Hose, die einen interessanten farblichen Kontrast zum Blazer bildet. Ein Kleidungsstück fällt wie immer besonders auf: Patrick trägt eine knallrote[19] Fliege, die er nach langem Suchen endlich im ‚KaDeWe‘[20] gefunden hat. Im Gegensatz zu Constanze wirkt Patrick
10 äußerlich ruhig. An seinen Augen sieht man aber, dass er alles andere als ruhig ist.

Das Brautpaar und die Gäste haben im Trauzimmer Platz genommen. Die Standesbeamtin Beate Peter betritt den Saal. Die Zeremonie beginnt.

15 „Ich freue mich, dass ich heute Ihre Eheschließung vornehmen darf. Zur Eheschließung sind heute Frau Constanze Zeigen und Herr Patrick Reich erschienen sowie die Trauzeugen Alice Weiss und Richard Tauber." Beate Peter macht eine kleine Pause. „Ihrer Eheschließung steht nichts im Weg.
20 In Deutschland wird eine Ehe dadurch geschlossen, dass beide Eheschließende vor der Standesbeamtin erklären, dass sie die Ehe miteinander eingehen wollen. Ich werde Sie einzeln und nacheinander fragen, ob Sie die Ehe miteinander eingehen wollen. Ich darf Ihnen leider nicht vor-
25 schreiben, was Sie zu antworten haben, aber ..." Beate Peter lächelt. „Ich möchte ein kurzes Wort der Zustimmung[21] mit zwei Buchstaben hören. Und so frage ich Sie, Frau Zeigen:

18 Jackett
19 kräftig rot
20 Kaufhaus des Westens: *www.berlin.de/orte/shop/kadewe*
21 ja sagen

Ist es Ihr freier Wille, mit dem hier anwesenden Herrn Reich vorbehaltlos[22] und ohne zeitliche Beschränkung[23] die Ehe einzugehen?"

„Ja."

„Und Sie Herr Reich, ist es Ihr freier Wille, mit der hier anwesenden Frau Zeigen vorbehaltlos und ohne zeitliche Beschränkung die Ehe einzugehen?"

„Ja."

Erleichterung bei allen Beteiligten. Die Mutter von Constanze wischt sich mit ihrem Taschentuch Tränen aus den Augen. Angela drückt ganz fest die Hand von Mehmet. Beate Peter ergreift wieder das Wort:

„Nachdem Sie nun beide meine Frage mit „ja" beantwortet haben, sind Sie kraft[24] Gesetz rechtmäßig verbundene Eheleute. Sie dürfen die Braut jetzt küssen." Mit einem Lächeln fügt die Standesbeamtin hinzu: „So lange, bis die Fotografen ihre Aufnahmen gemacht haben." Unter dem Beifall der Anwesenden küssen sich Constanze und Patrick.

„Zum Zeichen Ihrer inneren Verbundenheit[25] kommen wir nun zum Zeichen Ihrer äußeren Verbundenheit, zum Ringwechsel." Constanze und Patrick lassen sich das nicht zweimal sagen und tauschen die Ringe. Der letzte Teil der Zeremonie folgt. Die Standesbeamtin blickt Constanze an.

„Sie haben sich entschieden, den Namen des Mannes zu Ihrem Ehenamen zu bestimmen. Ist es dabei geblieben?"

„Ja."

Constanze und Patrick unterschreiben die Urkunde.

22 ohne Bedingungen
23 Grenze
24 durch das Gesetz
25 Zusammengehören, Zusammengehörigkeit

„Sehr geehrtes Ehepaar Reich. Als Brautpaar sind Sie in diesen Trausaal gekommen, als Ehepaar verlassen Sie ihn. Alles Gute für Ihre gemeinsame Zukunft!"

Kapitel | 3

27. August, Freitag, 13 Uhr

Am Hochzeitsessen nehmen Verwandte und Freunde von
Constanze und Patrick teil. Leo Fuchs sitzt neben Beate und
Amadeus Selich[26]. Sie sind aus Kassel[27] angereist. Ihre zwei
Kinder sind über das Wochenende bei den Großeltern.   5
„Woher kennen Sie das Hochzeitspaar?" fragt Leo seine
Tischnachbarn.
   „Das ist eine lange Geschichte", antwortet Beate. „Mit
Constanze verbindet mich eine lange Freundschaft. Durch

26 *siehe:* „Tatort: Krankenhaus"; *www.cornelsen.de/daf-bibliothek*
27 *www.kassel.de*

sie habe ich Patrick sozusagen beruflich kennengelernt. Um es kurz zu machen: unser erstes Kind, Felicitas, ist nicht unser leibliches[28] Kind. Patrick hat herausgefunden, dass es in der Klinik kriminelle Personen gab, die gegen entspre-
5 chende Bezahlung Babys vertauschten[29]. Amadeus und ich durchlebten nach dem Schock eine schwierige Zeit, das kön-nen Sie sich bestimmt gut vorstellen. Constanze und Patrick haben uns damals in Kassel sehr geholfen."

Amadeus nickt. Leo Fuchs sieht, dass Beate bei der Erzäh-
10 lung mit den Tränen kämpft. Schnell wechselt er das Thema.

„Und? Wie hat Ihnen der Tag bis jetzt gefallen?"
Dieses Mal antwortet Amadeus.

„Toll. Die Zeremonie im Rathaus war eindrucksvoll. Sie hat natürlich Erinnerungen an die eigene Hochzeit geweckt.
15 Und überhaupt. Der Trausaal ist einmalig schön. Er lädt zum Träumen ein. Aber warum so lange reden: Stoßen[30] wir auf das Brautpaar an!"

„Gute Idee", sagt Leo, „es lebe das Brautpaar!"
Die anderen Gäste erheben das Glas und trinken ebenfalls
20 auf Constanze und Patrick, die an diesem Tag die glücklichs-ten Menschen in Berlin sind.

28 wirklich; biologisch
29 etwas wegnehmen und dafür etwas anderes da lassen
30 auf etwas trinken; gefüllte Gläser leicht gegeneinander stoßen

Kapitel | 4

27. August, Freitag, 15 Uhr

Nach dem Hochzeitsessen gehen Constanze und Patrick mit den Gästen durch den nahe gelegenen Park. Es ist ein herrlicher Tag. Die Sonne scheint. Es ist keine Wolke am Himmel zu sehen. 5

„Du hast Glück mit dem Wetter", sagt Leo zu Patrick.

„Ja, Leo. Ich bin auch sehr glücklich. Ohne dich wären wir nicht hier. Mit deiner Hilfe habe ich in Berlin eine Arbeit bekommen. Wir haben uns gut eingelebt. Constanze arbeitet gerne in der Schule und ist beruhigt, in der Nähe ihrer Eltern 10 zu sein. Mir macht meine Arbeit sehr viel Spaß. Constanze und ich fühlen uns in Berlin sehr wohl. Wir haben schon viele Freunde und genießen[31] das Leben. Alles dank deiner Hilfe."

31 Freude empfinden

„Nichts zu danken. Das habe ich doch gerne gemacht. Ich freue mich, dass ihr in Berlin wohnt. Patrick ..." Leo spricht nicht weiter. Patrick sieht ihn an. „Patrick, jetzt brauche ich deine Hilfe." Leo zögert[32].

5 „Sag schon, heraus mit der Sprache! Wie kann ich dir helfen?"

„Du fährst in zwei Tagen auf Hochzeitsreise nach Todtnau in den Schwarzwald. 22 km von Todtnau entfernt liegt Neustadt am Titisee[33]. Dort gibt es eine Niederlassung[34] der 10 Spedition ‚Müller-International-Logistics'. In der Spedition soll es Unregelmäßigkeiten[35] geben."

Die Neugier von Patrick ist geweckt.

„Was für Unregelmäßigkeiten?"

„Ein Konkurrenzunternehmen behauptet, dass der Inha-15 ber der Spedition ‚Müller', Jürgen Müller, illegale[36] Frachten[37] transportiert. Die Rede ist sogar davon, dass er Giftmüll illegal im Ausland entsorgt[38]. Es geht um viel Geld, sehr viel Geld."

„Und was soll ich tun?", fragt Patrick.

20 „Ganz einfach, schau dich in der Spedition um, ob alles mit rechten Dingen zugeht. Benachrichtige mich, wenn dir irgendetwas aufgefallen ist. Ruf mich an, wenn du etwas herausgefunden hast."

„Das tue ich doch gerne für dich. Constanze wird das 25 sicher verstehen. Ich werde mit ihr auf der Fahrt nach Todt-

---

32 (ab)warten
33 *www.titisee-neustadt.de*
34 Teil einer Firma, der an einem anderen Ort ist als die Zentrale
35 Schwierigkeiten; Betrug
36 gegen das Gesetz
37 Ladung; Waren in großer Zahl, die zu transportieren sind
38 Müll wegbringen, um ihn ungefährlich zu machen

nau darüber reden. Nun lass uns zu den anderen Gästen zurückgehen."

„Wo wart ihr denn so lange? Bitte sprecht nicht am schönsten Tag unseres Lebens über Arbeit", sagt Constanze ein wenig ärgerlich.

Patrick nimmt sie in den Arm und küsst sie.

„Du weißt, mein Schatz, ein Privatdetektiv ist immer im Dienst."

Kapitel | 5

29. August, Sonntag, 8 Uhr

„Hast du alles gepackt?", fragt Patrick mit einem Lächeln auf den Lippen.

„Ich ja", antwortet Constanze, „ich hoffe, du hast deine
5 Wanderschuhe und deine wasserfesten Wanderhosen nicht vergessen. Ich habe uns nämlich für Mittwoch zu einer Wanderung angemeldet. Wir wandern durch die ‚Langenbach-Schlucht'[39]. Wir folgen dem Langenbach bis zur Quelle[40] auf den Berg. Die Strecke ist fünf Kilometer lang. Die Strecke
10 ist kurz, aber sehr schwer. Wir brauchen mindestens drei Stunden." Patrick schaut Constanze sprachlos an. „Schau nicht so, Schatz, Bewegung tut uns beiden nach dem vielen

39 *www.todtnauer-ferienland.de/d2/sport/schluchting.php*
40 Stelle, an der das Wasser aus der Erde kommt

Essen gut! Gemeinsam schaffen wir das." Constanze lacht
und gibt ihrem Ehemann einen Kuss. „So. Und jetzt steig ein,
wir müssen losfahren. Sonst kommen wir vor Einbruch der
Dunkelheit[41] nicht im Schwarzwald an."

    „Ich merke schon, wer in unserer Ehe das Sagen hat und 5
Herr im Haus ist", sagt Patrick und steigt ins Auto.

Autobahnabfahrt Nürnberg[42] Ost, 12 Uhr

„Jetzt fahre ich, die Hälfte der Strecke ist um."
Constanze fährt auf die Raststätte ‚Fischbach'.

    „Ach sag mal Patrick, was hattest du mit Leo während 10
des Spaziergangs durch den Park besprochen? Er sah ernst
aus." Patrick schweigt. „Patrick, erzähl schon!"

    „Ich wollte mit dir noch darüber sprechen. Ehrenwort.
Leo hat mich um einen Gefallen gebeten. Er bittet mich,
nach Neustadt an den Titisee zu fahren. Dort befindet sich 15
eine Niederlassung der Spedition ‚Müller'. Ich soll herausfin-
den, ob es in der Spedition Unregelmäßigkeiten gibt."

    „Ich wusste es doch. Immer denkst du an die Arbeit, selbst
auf unserer Hochzeitsreise. Aber so bist du eben. Ich muss
dich nehmen, wie du bist, vorbehaltlos und ohne zeitliche 20
Beschränkung, wie die Standesbeamtin sagte. Ich wusste ja,
worauf ich mich einlasse." Constanze lacht.

    „Dafür liebe ich dich noch mehr", sagt Patrick.
Gegen 19 Uhr kommen sie in Todtnau an. Patrick parkt den
Wagen vor dem Hotel ‚Waldblick'. Das Hochzeitszimmer 25
entspricht allen Wünschen.

41 bevor es dunkel wird
42 *www.nuernberg.de*

Kapitel | 6

1. September, Mittwoch

Am Mittwochmorgen sind Constanze und Patrick pünktlich am vereinbarten Treffpunkt. Der Wanderführer begrüßt die Teilnehmer. Die Gruppe besteht aus sechs Personen. Lang-
5 sam gehen sie den Berg hinauf. Sie folgen dem Bach. Manch-mal springen sie über glitschige[43] Felsen und Steine. Höchste Konzentration ist gefordert. Die Wanderer müssen aufpas-sen, dass sie nicht ausrutschen.
Plötzlich wird der Himmel dunkel. Es donnert. Oben auf
10 dem Berg regnet es. Der Wanderführer dreht sich um.
„Bleibt dicht bei mir. In fünf Minuten wird aus dem Bach ein reißender[44] Strom. Fasst euch an den Händen und geht mir

---

43 feucht und glatt
44 Strom, der sehr schnell fließt und deshalb gefährlich ist

nach." Die sechs Teilnehmer der Wanderung haben Respekt vor dem weißhaarigen Wanderführer und sie tun, was er sagt. Sie entfernen sich so schnell wie möglich vom Bach. Patrick hilft Constanze den Berg hinauf. „Bleibt zusammen und geht schneller!", ruft der Wanderführer. Kurze Zeit spä- 5 ter stürzen Wassermassen das Tal hinunter. „So etwas hat es früher nicht gegeben", sagt der alte weißhaarige Mann und schüttelt den Kopf. „Das Wetter schlägt[45] von einer Minute auf die andere um."

Auf dem Weg in das Tal haben die Wanderer einen atembe- 10 raubenden Blick über Todtnau. Das Wetter hat sich wieder beruhigt.

„Sie wohnen in einer so schönen Landschaft. Ich beneide Sie. Hier ist doch noch alles in Ordnung." Der Alte schaut Constanze mit ernster Miene an. 15

„Das meinen Sie. Seitdem es die Spedition im Nachbarort gibt, fahren Laster durch den Ort. Mit der Ruhe ist es vorbei. Außerdem riecht es oft faulig[46] im Tal. Niemand weiß, woher das kommt." Patrick wird hellhörig[47].

„Was hat das mit der Spedition zu tun?", fragt er nach. Der 20 Alte schweigt.

Im Tal verabschieden sie sich.

„Danke, dass du mir den Weg hinauf geholfen hast, alleine hätte ich das nicht geschafft", flüstert Constanze Patrick ins Ohr. 25

„Schatz, du weißt, gemeinsam sind wir stark." Sie umarmen sich. Constanze lächelt.

---

45 sich sehr schnell ändern
46 sehr unangenehm, schlecht
47 besonders aufmerksam

Kapitel | 7

2. September, Donnerstag

Am Nachmittag fährt Patrick zur Spedition ‚Müller'. Er hält
auf dem Parkplatz vor der Spedition. An einem Imbisswa-
gen[48] trinkt er einen Kaffee. Er setzt sich an den einzigen klei-
5 nen Tisch. Zwei Lkw[49]-Fahrer setzen sich zu ihm. Sie essen
Pommes frites mit Mayonnaise und Currywurst. Patrick
erinnert sich an seine Studentenzeit. Damals hatte er einen
Nebenjob als Fahrer. „Komisch, bis heute hat sich das nicht

---

48 Verkaufsstand, an dem einfache und schnell zubereitete Speisen
  verkauft werden
49 Lastkraftwagen; großes Fahrzeug, das schwere Gegenstände
  transportiert

geändert. Immer noch essen Lastkraftwagenfahrer Pommes mit Currywurst."

„Wohin fährst du gleich?", fragt der ältere Fahrer seinen jüngeren Kollegen.

„Ich lade ein paar Möbel auf, damit der Wagen voll wird. In Fulda[50] lade ich die Möbel aus. Ich habe zwei Tage Pause. Seit einer Woche bin ich unterwegs. Jeden Tag fahre ich mindestens acht bis zwölf Stunden. Die Arbeitszeit wird immer länger." 5

„Das stimmt. Ich muss gleich nach Würzburg[51], danach geht es weiter bis Dortmund[52]. Ich hoffe, ich komme rechtzeitig an, damit der Laster morgen früh leer ist." 10

„Hier müssen wir wenigstens die Waren nicht auf- und abladen[53]. Diese Arbeit wird hier von Mitarbeitern der Spedition erledigt. Und es gibt einen Raum, in dem man sich ausruhen kann. Und eine Dusche! Das ist nicht überall so." 15

„Richtig", nickt der Jüngere. „Und du kannst in Ruhe essen! Ich wundere[54] mich überhaupt, warum wir immer diese kleine Spedition anfahren. Aber das soll nicht meine Sorge sein." Ein Mitarbeiter der Spedition winkt dem älteren Fahrer zu. 20

„Es ist Zeit, ich muss weiter, die Waren sind auf dem Laster."

Patrick schaut dem älteren Lkw-Fahrer nach. Der Lkw-Fahrer geht in das Büro. Er holt sich die Frachtpapiere[55], dann 25

50 *www.fulda.de*
51 *www.wuerzburg.de*
52 *www.dortmund.de*
53 Waren in ein Fahrzeug hineintun und herausnehmen
54 überrascht sein
55 Papiere, in denen die geladenen Waren aufgelistet sind

spricht er mit dem Mitarbeiter der Spedition. Beide gehen auf die Ladefläche[56] des Lasters. Nachdem sie die Waren geprüft haben, verabschiedet sich der Fahrer. Er steigt in seinen Lkw und fährt los. Langsam bewegt sich der schwere

5 Laster. Ein kurzes Hupen und er ist wieder auf der Straße. Patrick trinkt seinen Kaffee aus und geht auf das Gelände[57]. Er schaut sich um.

„Suchen Sie etwas?", fragt ihn ein Arbeiter. Er nimmt Patrick am Arm. „Bitte gehen Sie hier weg. Es ist zu gefährlich

10 hier für Besucher. Wenn Sie Fragen haben, gehen Sie in das Büro", sagt er freundlich und zeigt auf das Büro. Der Mann lässt Patrick alleine und arbeitet weiter. Patrick schaut sich noch einmal um. Er sieht nichts Auffälliges[58]. Er verlässt die Spedition und fährt zurück in das Hotel.

15 Im Hotel sitzt Constanze in der Empfangshalle und liest Zeitung. Patrick setzt sich zu ihr.

„Schön, dass du wieder hier bist. Lass uns vor dem Abendessen noch schwimmen, dann schmeckt das Essen besser, nicht wahr, mein Liebster?"

---

56 Platz im Fahrzeug, wo die Waren liegen
57 größeres Grundstück; ein Stück Land
58 nichts Außergewöhnliches; nichts, was besondere Aufmerksamkeit verdient

Kapitel | 8

3. September, Freitag

Das Telefon klingelt. Es ist Leo. Patrick stellt den Ton laut. „Patrick, wie geht es? Hast du etwas entdeckt?"

„Leo, ich war gestern in der Spedition. Ich habe mit Lkw-Fahrern gesprochen. Sie wissen nichts. Ich habe mich auf 5 dem Gelände umgeschaut. Ich konnte mich dort frei bewegen. Ich habe nichts Auffälliges entdeckt."

„Patrick, bitte, fahre trotzdem noch einmal zu der Spedition. Dieses Mal vielleicht später, nach Feierabend. Es geht irgendetwas vor. Der Chef trifft sich in Berlin mit zweifel- 10 haften[59] Personen, ich beschatte[60] ihn."

59 problematisch
60 beobachten

„Gut, Leo. Ich melde mich."

Constanze schaut Patrick an.

„Schatz, das kostet dich ein Glas Champagner."

„Liebling, ich fahre jetzt los. Bis später", sagt Patrick zu
5 Constanze.

„Später ist gut! Komm bald und vor allem gesund zurück.
Vergiss bitte nicht, dass das unsere Hochzeitsreise ist."

„Versprochen. Ich rufe dich an, falls es sehr spät werden
sollte. Mach dir keine Sorgen. Ich bin bald zurück."

10 Auf dem Weg nach Neustadt fahren Laster mit ausländi-
schen Nummernschildern. „Sicher fahren sie zur Spedition",
denkt Patrick und fährt hinterher. Patrick hält an der Spedition. Die Lkws fahren an der Spedition vorbei und aus
dem Ort heraus. Patrick sieht, wie sie in einen Feldweg[61] ein-
15 biegen.

Vor der Spedition fegt ein Arbeiter die Straße. Erst als die
Straße sauber ist, schließt er das Werkstor. „Heute passiert
hier sicherlich nichts mehr", denkt Patrick. Wolken ziehen
langsam auf. Es fängt an zu regnen. Patrick schaut auf die
20 Spedition. Kein Licht ist zu sehen.

Wieder fällt ihm ein Lkw auf, der an der Niederlassung vor-
beifährt. Er folgt ihm. Der Lkw biegt in den Feldweg ein.
Patrick parkt sein Auto an der Hauptstraße. Er geht den
Feldweg entlang. Er nähert sich einem Wald. Der Weg führt
25 bergab in einen Steinbruch[62]. Patrick schleicht[63] sich an
den Steinbruch heran. Der Steinbruch ist von einem Zaun
umgeben. Ein alter Schuppen[64] steht nicht weit von dem

61 schmaler Weg, der an Feldern und Wiesen entlangführt
62 Stelle, an der man Steine von den Felsen bricht
63 sich leise, langsam und vorsichtig fortbewegen
64 einfacher Bau aus Holz für Geräte oder Fahrzeuge

Eingangstor entfernt. Das Tor ist geschlossen: „Betreten verboten. Lebensgefahr."

Patrick öffnet vorsichtig das Tor. Ein Scheinwerfer strahlt die Lkws mit ausländischem Kennzeichen an. Er sieht zwei Arbeiter. Die Arbeiter haben Masken auf und tragen weiße ₅ Arbeitskleidung und Handschuhe. Sie laden gelbe Fässer[65] auf die Lkws. Es riecht nach Chemie.

Leo Fuchs hat Recht. Die Spedition transportiert und entsorgt illegal Giftmüll! Patrick hat genug gesehen. Er dreht sich um. Er will zurück zu Constanze. ₁₀

65 große Behälter, in denen Flüssigkeiten aufbewahrt werden

Kapitel | 9

3. September, Freitagabend

Der Regen ist stärker geworden. Der Wind hat zugenommen. Kein Wetter, um spazieren zu gehen. Constanze begibt sich in den Fitnessraum, anschließend in die Sauna. Die Aufregungen der vergangenen Tage und die sportlichen Aktivitäten haben sie müde gemacht. Sie geht in ihr Zimmer, um sich auszuruhen. Sie schläft ein.

Als sie aufwacht, schaut sie auf ihre Uhr. „So spät schon", denkt sie. „Patrick müsste längst zurück sein!" Constanze ist verärgert. Sie überlegt sich, was sie ihrem Mann nach dessen Rückkehr sagen kann.

Constanze steht auf. Sie geht zur Rezeption. Vielleicht hat ihr Mann eine Nachricht hinterlassen. Die langen Gänge und die Notbeleuchtung beunruhigen Constanze. Im Hotel ist kein Laut zu hören. Sie geht die Treppe hinunter. Der Fahrstuhl ist außer Betrieb. An der Rezeption sitzt niemand. 5 Constanze geht zum Parkplatz. Sie hat Mühe, gegen den Wind anzukämpfen. Ihr Auto steht nicht am gewohnten Platz. Auf dem Weg zurück in ihr Zimmer verirrt[66] sich Constanze beinahe.

Im Zimmer läuft Constanze hin und her. Ihre innere Unruhe 10 wächst. Sie kann sich nicht dagegen wehren. Sie fühlt sich allein gelassen. Und einsam. Der Regen trommelt[67] gegen die Fenster. Baumäste nähern sich bedrohlich. Aus ihrer Verärgerung wird Sorge, Sorge um ihren Mann. Constanze greift zum Telefonhörer und ruft Patrick an. Sie kann ihn nicht 15 erreichen. Sie versucht es mehrere Male. Ohne Erfolg. „Um Himmels Willen[68], es ist ihm doch nichts passiert?"
Trotz der späten Stunde ruft sie Leo Fuchs an. Er ist schließlich schuld daran, dass ihr Mann während der Hochzeitsreise arbeitet. 20
„Leo, ich bin es, Constanze. Hat sich Patrick bei dir gemeldet? Ich warte seit Stunden auf ihn. Ich bekomme keine Verbindung zu seinem Handy[69]. Ich weiß nicht, was ich tun soll. Ich habe Angst."

„Beruhige dich, Constanze. Du kennst doch Patrick. 25 Er ist außerordentlich vorsichtig. Es gibt sicherlich einen

---

66 den richtigen Weg nicht mehr finden
67 rhythmisch auf etwas schlagen
68 hoffentlich
69 Mobiltelefon

harmlosen[70] Grund für sein Schweigen. Versuch zu schlafen.
Wenn du aufwachst, liegt Patrick bestimmt neben dir."

„Du hast gut reden, Leo. Du liegst im Bett und hast wahrscheinlich gerade geträumt und ich ..." Constanze weint.

5 „Nein, Constanze, ich sitze im Auto und bin in wenigen
Stunden in Todtnau. Ich verfolge Jürgen Müller, den Chef der
Spedition."

Constanze zittert[71] am ganzen Körper. Die Antwort von Leo
Fuchs versetzt sie in Panik. Jetzt weiß sie, dass sich ihr Mann
10 in allerhöchster Gefahr befindet.

70 einfach
71 schnelle, kleine, unkontrollierte Bewegungen machen

Kapitel | 10

4. September, Samstag, 5.30 Uhr

Patrick wacht auf. Ihm ist schlecht. Der Hinterkopf schmerzt.
Patrick weiß nicht, wie lange er ohne Bewusstsein war. Er
sieht nichts. Seine Augen sind verbunden. Er kann sich nicht
bewegen. Langsam wird ihm klar, dass er an Händen und 5
Beinen gefesselt ist. Bewegungslos liegt er auf einem kalten,
nassen Boden.
Seine letzte Erinnerung: Er sah, wie mehrere Männer gelbe
Fässer von dem Lastwagen nahmen und sie in einen Schuppen brachten. Patrick nimmt einen beißenden[72] Geruch[73] 10
wahr, der ihn an Krankenhaus und Chemieabfälle erinnert.
Patrick kann sich nicht übergeben, sein Mund ist zuge-

72 sehr scharf
73 etwas, das man mit der Nase wahrnehmen kann

klebt. Er verliert von Neuem das Bewusstsein. Als er wieder zu sich kommt, versucht er, sich zu konzentrieren. Er hört nichts außer Geräusche[74], die von starkem Regen und heftigem Wind verursacht werden. Die kalte Nässe ergreift Besitz
5 von ihm. Patrick zittert am ganzen Körper, über den er keine Kontrolle mehr hat.

„Bleib ruhig", denkt er immer wieder, „bleib ruhig. Verlier nicht die Nerven. Bleib ruhig. Das kann und darf nicht dein Ende sein." Patrick versucht noch einmal, sich zu bewegen.
10 Ohne Erfolg. Angst kriecht[75] in ihm hoch. „So muss sich Constanze gefühlt haben, als ihre Entführer sie auf Sylt[76] gefesselt in einem Keller zurückließen", denkt Patrick. „Constanze konnte sich befreien." Patrick macht sich Mut. „Es gibt immer einen Ausweg."

15 Patrick spürt einen Stoß[77] von hinten, unerwartet und heftig. Jemand reißt ihm das Klebeband vom Mund und redet ihn von hinten an.

„Wer sind Sie? Was machen Sie hier? Warum haben Sie Fotos gemacht? Für wen arbeiten Sie? Wer ist Ihr Auftraggeber?"
20 An der brutal klingenden Stimme erkennt Patrick, dass es sich um einen wütenden Mann handelt. Patrick hat jetzt nur einen Gedanken: Hoffentlich nimmt der Fremde ihm nicht die Augenbinde ab. Das wäre sein Todesurteil.

„Reden Sie endlich!"
25 Patrick liegt noch immer auf dem Boden. Der Fremde tritt ihn in den Bauch. Patrick schreit auf. Er krümmt sich vor Schmerzen. Patrick hört, dass noch andere Männer in seiner

74 etwas, das man hören kann
75 sich sehr langsam nach oben bewegen
76 siehe: „Tödlicher Irrtum"; *www.cornelsen.de/daf-bibliothek*
77 Schlag

unmittelbaren Umgebung sind. Seine Lage wird mehr und mehr bedrohlich.

„Ich gebe Ihnen eine Bedenkzeit von 15 Minuten. Wenn ich dann keine Antworten auf meine Fragen erhalte, sind Sie ein toter Mann. Und ihr seht euch draußen nochmals gründlich 5 um", sagt der Fremde im Befehlston zu den anderen Männern.

Kapitel | 11

4. September, Samstag, 5.30 Uhr

Leo Fuchs wartet. Der Regen in der Nacht hat für Abkühlung gesorgt. Der Detektiv fröstelt[78]. Ihm ist nicht wohl in seiner Haut. Warum hat er seinen Freund gebeten, Nachforschun-
5 gen anzustellen und das auf dessen Hochzeitsreise? Zerstört er so das Glück der frisch Vermählten? Wird er Constanze noch in die Augen sehen können?

Leo fühlt sich unsicher, das Schlimmste, was einem Detektiv passieren kann. Er weiß nicht, was er tun soll. Soll er
10 das Gelände und den Schuppen weiter beobachten? Soll er nachsehen, ob sich Patrick wirklich in der Gewalt des mutmaßlichen Verbrechers befindet? Oder soll er die Polizei benachrichtigen? Jede falsche Aktion kann seinen Freund das Leben kosten.

Die Nacht weicht dem Tag. Es wird heller. „Ist das ein gutes
Zeichen?", fragt sich Leo. „Ja, das muss es sein." Er blickt auf
seine Armbanduhr.
„Was auch immer passiert", sagt er laut, „in fünf Minuten
treffe ich eine Entscheidung."   5
Fünf Minuten – eine lange Zeit, fast eine Ewigkeit.

4. September, 5.45 Uhr

Patrick ist wieder allein. Zum ersten Mal in seinem Leben
hat der Privatdetektiv Angst, pure Angst. Er weiß, dass
er in tödlicher Gefahr ist. Soll er hier und heute sterben? 10
Patrick versucht, langsam zu atmen. Es gelingt ihm nicht. Er
bekommt Atemnot. Und die Zeit läuft ihm davon.
Plötzlich fällt die Angst von ihm ab. Eine unerklärliche Ruhe
kommt über ihn. Seine letzten Gedanken gelten Constanze.
Er denkt an die glückliche Zeit mit ihr zurück. Er sieht sie 15
vor sich, ganz deutlich, wie sie im Ratssaal neben ihm sitzt.
Er riecht ihr Parfum …
    „Und? Wie haben Sie sich entschieden? Wollen Sie lieber
antworten oder schweigen und sterben?"
Patrick ist unfähig, auch nur ein einziges Wort herauszu- 20
bringen. Er spürt, wie ihn zwei Männer vom Boden aufhe-
ben und ihn einige Meter weiter schleifen[79]. Patrick hat kein
Gefühl in den Beinen. Er spürt gar nichts mehr. Er hört das
Klicken[80] einer Pistole[81], wenige Schritte von sich entfernt.

---

79 mit Kraft ziehen
80 kurzer, metallischer Ton
81 kurze Schusswaffe; Revolver

Kapitel | 12

4. September, Samstag, 5.50 Uhr

„Zum letzten Mal: beantworten Sie meine Fragen. Das ist
Ihre letzte Chance, am Leben zu bleiben." Diese Worte werden drohend in das rechte Ohr von Patrick gesprochen.
5 Patrick spürt den fremden Atem, die Brutalität, die von dem
Mann ausgeht. Er riecht die Wut des Mannes.

„Ich, ich …" Patrick versucht zu sprechen. Er ist bei klarem
Verstand. Er hat die Kontrolle über sich, aber es gelingt ihm
nicht zu reden.

„Ich, ich …", wiederholt er. Er schämt[82] sich fast, nicht sprechen zu können. „Ich …"

Plötzlich kommen von überall her Schreie, Schreie von Männern.

„Polizei, werfen Sie die Waffe weg! Sofort! Oder wir machen von unseren Schusswaffen Gebrauch! Hinlegen! Auf den Boden! Arme und Beine auseinander!"

Wenige Sekunden später wird Patrick die Augenbinde abgenommen. Die Fesseln werden entfernt. Noch sieht er nichts. Seine Augen gewöhnen sich nach und nach an die Helligkeit. Allmählich spürt er wieder seine Beine. Sanitäter wollen ihn auf eine Trage legen.

„Es geht schon", sagt Patrick. „Ich brauche nur Luft, frische Luft."

Jetzt erst begreift Privatdetektiv Patrick Reich die Gefahr, in der er sich in den vergangenen Stunden befunden hat. Um Haaresbreite[83] ist er dem Tod entkommen.

Patrick spürt einen enormen Druck über seinem Herz. Er schreit so laut er kann in den frühen Morgenhimmel: „Nein!" Jetzt fühlt er sich befreit.

Die Polizei nimmt Jürgen Müller sowie mehrere seiner Mitarbeiter fest. Patrick Reich kann seine Aussagen am Nachmittag im Kommissariat machen.

Leo fährt Patrick in das Hotel zurück. Vor dem Hotel steht Constanze.

„Na endlich. Ich warte schon auf dich. Wo warst du denn so lange?", fragt Constanze mit gespielter Gleichgültigkeit[84]. Sie weiß nicht, was sie fühlen, denken oder sagen soll. Sie

82 ein unangenehmes Gefühl haben
83 knapp
84 Desinteresse; als ob sie überhaupt kein Interesse hätte

nimmt Patrick in ihre Arme und hält ihn fest, ganz fest. Constanze Reich, Ehefrau von Patrick Reich, weint. Sie ist glücklich.

Den nächsten Urlaub wollen Constanze und Patrick Reich auf Mallorca[85] verbringen.

---

85 *siehe:* „Liebe bis in den Tod"; *www.cornelsen.de/daf-bibliothek*

Übungen

Kapitel 1

Ü 1   **Bringen Sie die Sätze in die richtige Reihenfolge.**

a. Erinnerungen werden ausgetauscht. ☐

b. Die Gäste warten auf den Höhepunkt
   des Abends. ☐

c. Die letzten Gäste verabschieden sich am
   frühen Morgen. ☐

d. Die Gäste prosten sich zu. ☐

e. Alle versammeln sich vor dem Haus. ☐

f. Constanze und Patrick begrüßen die Gäste
   in ihrer Wohnung. ☐

g. Constanze und Patrick kehren die Scherben
   zusammen. ☐

Kapitel 2

Ü 2   **Tragen Sie die fehlenden Wörter ein.**

_____ freuen uns

mit _____ Kindern Constanze und Patrick,

die _____ heute _____ 10 Uhr

_____ dem Standesamt

_____ Rathaus von Schmargendorf

das Jawort _____ .

Elisabeth & Philipp Zeigen   Dagmar & Frank Reich

Berlin, _____ 27. August 2010

Kapitel 3

Ü 3   Haben Sie das im Text gelesen?

	Ja	Nein
1. Am Hochzeitsessen nehmen Verwandte und Freunde des Ehepaars Reich teil.	☐	☐
2. Leo Fuchs sitzt zwischen Beate und Amadeus Selich.	☐	☐
3. Die Kinder von Familie Selich sind in Kassel bei den Großeltern geblieben.	☐	☐
4. Beate Selich hat Patrick durch Constanze kennengelernt.	☐	☐
5. Felicitas ist die jüngste Tochter des Ehepaars Selich.	☐	☐
6. Es fällt Beate schwer, über ihr Schicksal zu sprechen.	☐	☐
7. Alle Gäste trinken auf die Zukunft des Ehepaars Reich.	☐	☐

Kapitel 4

Ü4   Welche Zusammenfassung ist richtig?

A   Nach dem Hochzeitsessen gehen die Gäste spazieren. Während des Spaziergangs unterhalten sich Patrick und Leo. Patrick dankt seinem Freund für dessen Unterstützung. Leo bittet Patrick um einen Gefallen. Patrick sagt ihm sofort seine Hilfe zu.

B   Während des Spaziergangs nach dem Hochzeitsessen findet ein Gespräch zwischen Patrick und Leo statt. Leo bittet seinen Freund und Kollegen, ihn bei Recherchen zu unterstützen. Es handelt sich um mögliche Unregelmäßigkeiten in der Niederlassung der Spedition ‚Müller' in Neustadt am Titisee. Patrick sichert Leo seine Hilfe zu. Vorher möchte er aber darüber mit Constanze sprechen.

C Die Hochzeitsgäste gehen nach dem Essen im nahe gelegenen Park spazieren. Patrick bedankt sich bei Leo für dessen Hilfe. Es fällt Leo nicht leicht, Patrick um einen Gefallen zu bitten. Patrick sagt seine Unterstützung bei Recherchen in der Niederlassung der Spedition ‚Müller' zu. Er ist sich aber nicht sicher, dass seine Frau nichts dagegen hat.

Kapitel 5

Ü 5   Richtig oder falsch? Kreuzen Sie an.

	richtig	falsch
1. Patrick hat sich und Constanze für eine Wanderung angemeldet.	☐	☐
2. Constanze und Patrick wollen dem Langenbach von der Quelle bis zur Mündung folgen.	☐	☐
3. Constanze fährt den ersten Teil der Strecke Berlin–Todtnau.	☐	☐
4. Patrick berichtet Constanze über das Gespräch, das er mit Leo Fuchs beim Spaziergang hatte.	☐	☐
5. Die Niederlassung der Spedition ‚Müller' befindet sich in Berlin.	☐	☐
6. Constanze und Patrick kommen spät in der Nacht in Todtnau an.	☐	☐

Kapitel 6

Ü 6   Was gehört zusammen?

1. Wander	a. bitten
2. an die Arbeit	b. schuhe
3. gut	c. genießen
4. fort	d. geben
5. um einen Gefallen	e. finden
6. heraus	f. stehen
7. am Fenster	g. denken
8. alle Wünsche	h. erfüllen
9. die Stimmung	i. setzen
10. einen Kuss	j. tun

Kapitel 7

Ü 7   Bringen Sie die Sätze in die richtige Reihenfolge.

1. „Lass uns vor dem Abendessen noch
   schwimmen, dann schmeckt das Essen besser." ☐

2. Patrick schaut sich noch einmal um,
   dann verlässt er die Spedition. ☐

3. Patrick trinkt seinen Kaffee aus und
   geht auf das Gelände. ☐

4. Patrick fährt in das Hotel zurück. ☐

5. Patrick schaut dem älteren Lkw-Fahrer nach. ☐

6. Am Nachmittag fährt Patrick
   zur Spedition ‚Müller'. ☐

7. Er setzt sich an den einzigen kleinen Tisch. ☐

Kapitel 8

Ü 8 **Wer sagt was? Ordnen Sie die Sätze den Personen zu.**

	Patrick	Leo	Constanze
1. Ich war gestern in der Spedition.	☐	☐	☐
2. Ich habe nichts Auffälliges entdeckt.	☐	☐	☐
3. Ich beschatte den Chef.	☐	☐	☐
4. Das kostet dich ein Glas Champagner.	☐	☐	☐
5. Komm bald und vor allem gesund zurück.	☐	☐	☐
6. Heute passiert hier sicherlich nichts mehr.	☐	☐	☐

Kapitel 1 – 9

Ü 9 **Was passt zusammen?**

1. Dinge, die so groß oder schwer sind, dass man sie nicht zum normalen Müll tun kann.

    a. Standesamt

2. die Möglichkeit oder die Wahrscheinlichkeit, dass eine Person verletzt wird.

    b. Trauung

3. eine Situation, in der niemand etwas sagt.

    c. Spedition

4. der Wunsch, etwas Bestimmtes zu wissen, kennenzulernen oder zu erfahren.

    d. Gefahr

5. die unangenehmen Gefühle, die man hat, wenn man Probleme mit jemandem oder Angst vor etwas hat.

e. Sorge

6. eine Zeremonie, mit der Mann und Frau zu einem Ehepaar werden.

f. Neugier

7. eine Firma, die im Lastwagen Waren für andere transportiert.

g. Schweigen

8. die Behörde, vor der man die Ehe schließt und bei der man Geburten und Todesfälle meldet.

h. Sperrmüll

Kapitel 10

Ü10 Finden Sie in diesem Chaos die Sätze wieder, die sich auf Patrick beziehen. *(Vorsicht: ss = ß; oe = ö)*

```
p a t r i c k a f g w a c h t b c a u f
x z e r d u v s i e h t o u n i c h t s
d f e e r v w k a n n h s i c h v w a n
n i c h t f d b e w e g e n k n e r h g
e r m l i e g t d t a u f x e i n e m y
n a s s e n e f u n d b k a l t e n s u
b o d e n h i p a t r i c k j k l m n o
z i t t e r t v a m r s g a n z e n c h
k o e r p e r c s e r y h a t z f g h i
g r o s s e i s c h m e r z e n y u n d
a b c d e f a n g s t g h i j k l m n o
```

Kapitel 11

**Ü 11 Unser Drucker hat keine Tinte mehr:
Vervollständigen Sie den Text.**

1. Leo Fuchs fühlt sich nicht wohl in seiner
   H_____ .
2. Er hatte seinen Freund geb_____ , für
   ihn Nachforschungen in der Spedition „Müller"
   anzu_____ .
3. Jetzt befin_____ sich Patrick _____ der
   Gewalt von Verb_____ .
4. Leo we_____ nicht, was er tun soll.
5. Soll er das G_____ weiter beobachten?
6. Oder soll er die _____
   ben_____ ?
7. Leo schaut _____ seine Armbanduhr.
8. Er will in fünf M_____ eine
   _____ treffen.

Kapitel 12

Ü 12 Schlagen Sie einen Titel für Kapitel 12 vor.

Kapitel 1 – 12

**Ü 13 Patrick schreibt seinen Eltern und Schwiegereltern
eine Mail über die Ereignisse in Todtnau. Verfassen
Sie seine Mail.**

Lösungen

Kapitel 1
Ü1   1f, 2a, 3d, 4b, 5e, 6g, 7c

Kapitel 2
Ü2   wir, unseren, sich, um, auf, im, geben, den

Kapitel 3
Ü3   Ja: 1, 3, 4, 6, 7
     Nein: 2, 5

Kapitel 4
Ü4   B

Kapitel 5
Ü5   richtig: 3, 4
     falsch: 1, 2, 5, 6

Kapitel 6
Ü6   1b, 2g, 3j, 4i, 5a, 6e, 7f, 8h, 9c, 10d

Kapitel 7
Ü7   6, 7, 5, 3, 2, 4, 1

Kapitel 8
Ü8   Patrick: 1, 2, 6   Leo: 3   Constanze: 4, 5

Kapitel 1 – 9
Ü9   1h, 2d, 3g, 4f, 5e, 6b, 7c, 8a

Kapitel 10
Ü10 Patrick wacht auf. Er sieht nichts. Er kann sich nicht bewegen.
     Er liegt auf einem nassen und kalten Boden.
     Patrick zittert am ganzen Körper. Er hat große Schmerzen und Angst.

Kapitel 11
Ü11 1. Haut; 2.gebeten, anzustellen; 3. befindet, in, Verbrechern;
     4. weiß; 5. Gelände; 6. Polizei, benachrichtigen;
     7. auf; 8. Minuten, Entscheidung

MP3:
Freude. Liebe. Angst.
Ein Fall für Patrick Reich

Gelesen von Benjamin Plath

Regie:	Susanne Kreutzer
	Kerstin Reisz
	Christian Schmitz
Toningenieur:	Christian Schmitz
Studio:	Clarity Studio Berlin

unter www.cornelsen.de/daf-bibliothek/audios